ELODIE ROJAS-TROVA

LE CHANT DU COUCOU

© 2015, Elodie Rojas-Trova.
Édition : BoD – Books on Demand,
12-14 Rond-point des champs-élysés,
75008 - Paris, France.

Impression : BoD – Books on Demand,
Norderstedt, Allemagne.

ISBN : 978-2-322-01999-1
Dépôt légal : Octobre 2015

« Le plus menteur dans la maison entend le coucou le premier. »

Proverbe

Prologue

Nous voici de nouveau réunis, dans un moment unique de partage de mots, de sensations et de temps arrêté. Un livre. Cinq nouvelles. Des personnages uniques que j'ai pris plaisir à créer, accompagner, et enfin laisser filer comme on ferait d'un enfant. Chacun d'eux a quelque chose à nous montrer du doigt, une de ces vérités que parfois nous refusons de voir. A vous d'y trouver sens, ou simplement vous laisser porter par ces petits mots que je vous offre aujourd'hui.

A la prochaine aventure !

La scribe

Il pleuvait comme rarement ce jour-là, des trombes d'eau se déversant sur la ville obscure. Agnès se dépêchait de rentrer. Elle avait jeté son parapluie cassé dans la poubelle du coin de la rue, et se débattait avec son imperméable pour se protéger des gouttes féroces. Il fallait qu'elle attaque le dernier chapitre dès ce soir si elle voulait le boucler pour la fin du mois! Adrien l'avait déjà rappelée deux fois en une semaine et il lui mettait la pression pour qu'elle finisse au plus vite leur dernier roman. Ses jambes un peu trop courtes ne portaient pas assez vite son corps large et bien rebondi. De longues boucles rousses et gluantes s'empêtraient devant ses yeux et elle passa sa main d'un geste machinal pour dégager son visage. Mais lorsqu'elle rouvrit les yeux l'instant d'après, il était trop tard. L'adrénaline piqua son coeur et Agnès se mit à virevolter dans les airs sous le choc de la voiture. Telle une poupée de chiffon, la jeune femme atterrit sans forme sur le macadam et demeura étendue là, sous une pluie battante et les yeux horrifiés des badauds.

Encore une fois, le téléphone sonnait dans le vide. Adrien raccrocha rageusement et se mit à faire les cent pas dans son appartement . Cela faisait des jours qu'il n'avait pas de nouvelles de cette petite garce! Il était persuadé qu'elle le faisait exprès; elle allait probablement lui demander plus d'argent. Pourtant il fallait bien qu'il la voit et il accepterait tout ce qu'elle demanderait car il était pris à la gorge. Son éditeur le harcelait pour connaitre l'avancée de son manuscrit et Adrien ne trouvait plus d'excuse pour expliquer son retard. Il s'arrêta net au milieu de son immense salon, prit quelques affaires et s'en alla, bien décidé à dire ses quatre vérités à Agnès.

La voiture freina sec en couinant et Adrien, grand et élégant dans son nouveau pardessus beige, descendit comme un prince. Ses chaussures crissaient sur le sol en lino du couloir de l'immeuble. Arrivant devant l'appartement d'Agnès, il lissa ses cheveux grisonnants et frappa deux coups menaçants. Rien. Il attendit trente secondes et sonna longuement. A l'intérieur, seul le silence lui répondit. Agacé, il se mit à tambouriner à la porte de manière insensée. Elle était peut-être sortie un moment? Il essayait de se raisonner, mais en même temps il enrageait. Une porte s'ouvrit derrière lui et une vieille dame en peignoir fleuri sortit la tête.

– Elle n'est pas là, la demoiselle, arrêtez de taper comme ça! lui chevrota la vieille.

– Excusez-moi, j'ai vraiment besoin de la voir. Vous savez quand elle va rentrer?

– Oh mon petit monsieur, vous n'êtes pas au courant?

– Heu, non je ne crois pas.

– C'est terrible, une vraie tragédie! Elle était tellement gentille! soupira-t-elle en secouant la tête. Adrien sentit l'angoisse lui serrer le gosier.

– Il lui est arrivé quelque chose?

– Ah ça oui! La pauvre petite s'est faite écraser par une voiture il y a quatre jours. C'est affreux! Un chauffard pour sûr, et il pleuvait tellement fort, elle ne l'a pas vu.

Adrien se décomposa intérieurement. La voisine continuait de babiller mais il n'entendait plus. C'était le pire qui pouvait lui arriver, en fait c'était même pire que si ça avait été lui qui était mort écrasé! Il tourna les talons sans prêter attention à la dame qui lui criait dans le dos et rentra chez lui comme un automate. Sans trop savoir pourquoi, il essaya une dernière fois de téléphoner à Agnès et écouta sonner sans fin. Il se sentit désemparé et idiot. Qu'allait-il faire? Lui, le grand écrivain qui multipliait les succès, n'était qu'un imposteur! Au fond, il redoutait cet instant depuis qu'Agnès écrivait pour lui. Cela avait commencé de manière anodine six ans auparavant. Il venait d'achever son premier roman et avait fait appel à une correctrice avant de soumettre le manuscrit aux maisons d'édition, faisant ainsi la connaissance d'Agnès. Elle avait commencé par corriger ses fautes, puis ses maladresses, et finalement avait rajouté sa touche personnelle sur tous ses écrits. Et c'était précisément ce qui avait fait son succès. L'éditeur, la critique, le public; tous s'étaient

extasiés de son style unique et de ses phrases si bien tournées. A chaque livre, la jeune femme avait pris de plus en plus de place et leur collaboration avait fini par s'étioler, devenant une mascarade unilatérale. Adrien se sentait piégé et vulnérable depuis longtemps déjà, et à présent il se trouvait totalement coincé dans une situation impossible. Personne ne devait savoir!
Essayant de garder son calme, il ouvrit son ordinateur et reprit la lecture du dernier chapitre que lui avait envoyé Agnès. C'était parfait. Son style incisif et précis servait impeccablement l'intrigue qu'ils avaient développé. Jusqu'à la dernière page, impossible pour le lecteur averti de deviner ce qu'il était advenu de Laura, l'héroïne enlevée par Jack, l'homme d'affaire implacable. Les doigts d'Adrien restaient en suspens au dessus du clavier, sans qu'il ne sache vers où les diriger. Le petit trait clignotait

désespérément comme pour se moquer de son manque d'inspiration. Heureusement, on sonna à la porte et Adrien se leva en un sursaut.

– Mais à quoi tu joues Adrien? Des jours que tu ne donnes pas de nouvelles! J'étais inquiet!

Joseph, son éditeur, fit irruption en gesticulant dans son costume sur mesure.

– Joseph, tu n'as pas à t'inquiéter. Je suis un écrivain, j'ai besoin de calme et de solitude pour écrire.

– Arrête ton baratin d'artiste s'il te plait, pas avec moi! Je te connais par coeur. Tu aurais dû me boucler cette histoire depuis une semaine. Si on loupe les fêtes de Noel ce sera une catastrophe, des milliers de vente en moins! Je ne peux pas me permettre un caprice d'auteur à la con!

– Calme-toi! Regarde, je suis dessus. rétorqua Adrien en montrant son écran. Le temps que je perds à me disputer avec toi c'est autant que je n'ai pas pour écrire. Alors laisse-moi tranquille! s'énerva-t-il. Rentre chez toi et fais moi confiance.

Les mains sur les hanches, Joseph soupira bruyamment comme si toute la misère du monde venait de lui tomber dessus.

– Ok, je te laisse trois jours pour me pondre vingt pages. Et je veux l'intégralité pour lundi prochain. Ne me déçois pas Adrien! Je t'ai toujours soutenu mais j'ai des impératifs tu sais.

– Ne t'inquiète pas. répéta-t-il en lui tapotant le dos. Les deux hommes se serrèrent la main et la porte se referma sur les angoisses de l'écrivain. Soudain, une idée lui traversa l'esprit et il décida de retourner chez Agnès. Une fois la nuit tombée, il se rendit chez elle et, armé d'un tournevis, il démonta la serrure et s'introduisit dans son appartement. Tout était parfaitement rangé et propre, un intérieur douillet et chaleureusement décoré. Il s'étonna de n'être jamais entré auparavant. En fait cela faisait des années qu'ils ne s'étaient pas vu. Par précaution, ils ne communiquaient plus que par courrier ou téléphone. Dans le bureau, Adrien découvrit des murs recouverts d'articles de presse et de photos le concernant. Sur une étagère en plein milieu, leurs livres étaient soigneusement rangés dans l'ordre de parution. Des feuillets étaient posés sur la table mais après un rapide coup d'oeil, il constata que c'était le texte qu'il possédait déjà. Il alluma l'ordinateur, espérant trouver quelque chose, mais il n'y avait rien d'inédit. Pourtant, un document qui portait son nom l'intrigua. C'était leur histoire, certes romancée mais très bien détaillée. Plus d'une centaine de pages qui racontaient leur relation, leur arrangement, mais surtout les sentiments qu'éprouvait Agnès.

Choqué, il réalisa qu'elle l'aimait. Depuis des années, elle ne faisait pas ça pour l'argent mais pour lui. Il sentit une boule se former dans sa gorge. Cette femme était partie intégrante de sa vie et il ne questionnait plus sa présence, la croyant acquise. Adrien se sentit coupable de n'avoir pas été plus reconnaissant. Il prit la mesure de son égoïsme et ses yeux s'humidifièrent. Que faisait-il là, entré par effraction pour sauver les miettes d'un mensonge bancal? Il fallait qu'il parte! Il éteignit l'ordinateur, referma la porte et rentra chez lui.

Dans le calme feutré de son appartement, Adrien ouvrit sa meilleure bouteille de whisky, et s'installa pour écrire. Le souvenir d'Agnès, l'alcool et le désespoir se mêlèrent pour lui dicter ses mots. Seul le cliquetis du clavier rompait le silence nocturne. Sous ses yeux rougis, l'ingénue Laura devenait Agnès, et Jack l'insensible prenait ses traits égocentriques. Parviendrait-il à la retrouver? Son esprit se perdait, embrouillé dans ces personnages trop vivants. Il finit par s'endormir, la tête sur le bureau et un bras pendouillant hors de sa chaise.

Lorsqu'il se réveilla, Agnès était là, souriante. Ses beaux cheveux roux s'étalaient sur ses épaules rondes et une lueur maligne éclairait ses yeux verts. Adrien sursauta et elle disparut.

– Je vais devenir fou! s'écria-t-il. Il se leva, alla se passer de l'eau sur le visage, se servit un café et relut ce qu'il avait écrit la nuit passée. Jack n'était pas si méchant, il n'avait pas pu enlever Laura, il l'aimait. Le lecteur s'était laissé tromper. C'était bien; pas parfait mais bien, habilement tourné. Il s'étonna lui-même du revirement de situation. Soudain, le téléphone sonna.

– Allô.

– Jack? demanda une voix féminine.

Un frisson parcouru l'échine de l'écrivain, et il balbutia:

– Heu, non… Non, mais qui êtes-vous?

– Pardon Monsieur. J'appelle de l'hôpital universitaire. Connaissez-vous une jeune femme du nom d'Agnès Lépine?

– Oui je la connais. risqua Adrien.

– Elle a été victime d'un accident la semaine dernière. Elle est sortie du coma ce matin en réclamant un certain Jack. Nous avons vérifié dans son carnet d'adresse, et c'était votre numéro sous ce nom.

– Je comprends oui. C'était un jeu entre nous. Je m'appelle Adrien Necker. Puis-je venir la voir?

– Bien sûr, annoncez-vous seulement à l'accueil.

– Merci, j'arrive tout de suite. Il raccrocha, abasourdi par ce coup de fil inattendu. Vivante! Il avait été tellement sous le choc en apprenant l'accident qu'il n'avait même pas imaginé qu'elle aie pu survivre. A présent il se sentait un peu stupide et ne savait pas trop comment réagir en la voyant.

L'hôpital n'était pas très loin de chez lui. Comme tous les hôpitaux, il était trop grand et inhumain, grouillant et empestant cette odeur caractéristique qu'il détestait. Après s'être annoncé à la réception, il se dirigea vers la chambre 201. Passant la tête dans l'entrebâillement de la porte, il toqua inutilement et entra. Agnès était bien là, tel un fantôme, sa rousseur flamboyante contrastant dans la blancheur qui l'entourait. Elle dormait, semblant morte si ce n'était pour le léger soulèvement du drap que provoquait sa respiration. Le coeur d'Adrien se serra en la voyant. Il se rendit compte que les sentiments qu'elle pouvait éprouver pour lui étaient finalement réciproques.

Comment ne s'était-il rendu compte de rien? Cette femme était la pièce centrale de sa pauvre vie, la clé de voute qui soutenait son existence. Et il n'avait eu pour elle que mensonge, mépris et ignorance. Il se sentit misérable. Il s'assit auprès d'elle et sous le contact de sa main, elle ouvrit lentement les yeux. Le regard interrogatif, elle lui sourit doucement.

– Jack! murmura-t-elle. Je suis heureuse que tu sois venu.

– Agnès, c'est moi, Adrien. Jack c'est notre personnage, tu te rappelles?

La jeune femme sembla étonnée et un peu contrariée. Elle avait peut-être perdu l'esprit? se demanda-t-il.

– Adrien? Oui, bien sûr, tu dois finir notre histoire. Tu dois trouver Laura! supplia-t-elle en s'agitant sur son lit. Il essaya de la calmer et elle finit par sombrer à nouveau dans le sommeil.

Perturbé et triste, Adrien rentra chez lui et s'attela à la tâche. Il ne savait pas comment interpréter la réaction d'Agnès, mais il décida finalement de lui obéir. Après tout, c'était la seule chose qu'il pouvait faire et il lui devait bien ça. Les mots jaillirent sans effort, le surprenant lui-même. Les personnages se dévoilaient, l'histoire se dénouait en un final fabuleux. Il écrivit toute la nuit sans s'arrêter. A l'aube, le roman était fini. Laura n'avait pas été enlevée, elle n'avait tout simplement jamais été là.

Adrien imprima les feuillets manquants et partit pour l'hôpital. Il avait hâte de lire tout cela à Agnès! Ouvrant la porte de sa chambre, il s'étonna de trouver une aide-soignante qui faisait tranquillement le lit.

– Vous cherchez quelqu'un Monsieur? lui demanda-t-elle gentiment.

– Oui, je cherche Agnès Lépine. Elle était là

depuis plusieurs jours.

– Vous devez faire erreur, c'est la chambre d'une autre patiente depuis deux semaines. Elle est juste partie en radiologie.

– Mais c'est impossible! C'est bien la chambre 201? Enfin, je lui ai rendu visite hier!

– Vous devez vous tromper de chambre tout simplement. Retournez à la réception, ils pourront vous renseigner.

Adrien se dirigea vers la réception mais il savait déjà qu'ils lui confirmeraient qu'il n'y avait jamais eu d'Agnès. Hagard et confus, il retourna à l'appartement de la jeune femme. Il sonna sagement sans grande conviction et n'était pas sûr d'être étonné lorsqu'une mère de famille lui ouvrit. Et évidemment elle ne savait rien d'Agnès.

Adrien essayait désespérément de comprendre ce qui se passait. Etait-il vraiment devenu fou? Son cerveau tournait et retournait les événements des derniers jours pour tenter d'en tirer un sens, en vain. Il erra un long moment dans la ville avant de rentrer chez lui où il s'affala dans son lit et s'endormit.

– Jack, trouve-moi! cria Agnès dans son sommeil.

Adrien se leva d'un bond, terrifié et en sueur. Quelqu'un sonnait à la porte. Il reprit un peu ses esprits et se leva pour accueillir Joseph.

– Mon vieux, tu as une tête de déterré, tu fais peur! lui lança son éditeur.

– Ça va, j'ai eu une sale journée c'est tout. Mais ne t'inquiète pas, j'ai fini le roman!

– Tu es sérieux? Je pensais que tu n'y arriverai pas sans elle!

– Sans qui?

– Laura bien sûr, ta muse comme tu dis. Cela fait des jours que tu me bassines en me disant qu'elle est partie! Alors elle est revenue?

– Heu, non. Enfin je ne sais pas. répondit Adrien sans plus comprendre.

– Tu fais vraiment peur! Enfin j'ai une surprise pour toi! Regarde, on a préparé la couverture. Qu'en penses-tu? Et, tout sourire, il tendit à Adrien la fameuse couverture de son roman. En haut le titre s'étalait suivi du nom de l'auteur. Mais surtout, occupant toute la page, le visage d'Agnès s'étalait comme une mauvaise blague. Adrien prit la photo dans ses mains et n'arriva plus à détacher son regard des traits familiers. Il réussit à balbutier:

– Mais qui c'est?

– Bon sang, c'est ta Laura! Tu te fous de ma gueule ou quoi? Tu l'as tellement décrite dans ton histoire, on a essayé de la reproduire. Et je trouve que c'est plutôt réussi, non?

– Mais non, c'est Agnès! protesta Adrien.

Joseph tiqua et répondit d'une voix plus douce.

– Hey Adrien, ce n'est pas elle! Agnès est morte depuis six ans.

L'écrivain tomba à genoux, la tête entre les mains. Joseph lui parlait, mort d'inquiétude, mais il était incapable de répondre. La douleur lui empoignait les tripes, lui ôtant chaque son qui essayait de sortir de sa bouche. Il se rappela la pluie, le parapluie cassé, ses cheveux emmêlés et le crissement des pneus. Le blanc du drap qui cachait sa rousseur et son sourire éteint. Agnès était Laura, et aussi Mégane, son héroïne précédente, et toutes les autres. Elle était sa muse et son inspiration, celle qui se glissait dans sa tête pour lui dicter ses mots depuis ce foutu jour de pluie. Son cerveau malade l'avait fondue dans ses histoires, la rendant prisonnière de personnages de papier. A chaque roman qu'il écrivait à travers elle, il l'enfouissait un peu plus dans de faux souvenirs. Aujourd'hui, enfin, elle surgissait comme un vieux démon, libérée, emportant avec elle toute la tristesse de cet homme endeuillé.

Adrien releva la tête et ne put s'empêcher de sourire sous ses larmes en la voyant dans l'embrasure de la porte, les bras chargés du fardeau de sa peine, s'en aller enfin en paix.

***

Margaux

La photo est magnifique malgré le manque de couleur: une belle scène de bonheur en noir et blanc. Les sourires des jeunes mariés sont figés dans une joie silencieuse. Leurs yeux pétillent et on peut imaginer tous les merveilleux moments qui les attendent. Charles porte un superbe costume dans un camaïeu de gris et l'on distingue sa montre à gousset briller doucement dans la poche de son gilet. Margaux, dans sa dentelle mousseuse, est l'image même de l'innocence et de l'espoir. Dans le coin à droite, on peut lire une date: 10 mai 1943.

- - -

17 mai 1950. Henri est né il y a trois jours, un beau bébé qui me comble de joie. Il est assez joufflu pour m'éviter les réflexions de ma belle-mère, et par chance, il ressemble assez à son père pour qu'il ne me tienne pas trop rigueur de ce petit dernier que l'on n'attendait plus.
Je profite de quelques jours de quiétude à la maternité avant de retourner dans cette maison où je ne manque à personne.

12 septembre 1950. Pourquoi ai-je gardé cet enfant? Ce n'est pas un service que je lui ai rendu de l'avoir mis au monde dans ce lieu de folie. Charles est de plus en plus violent et imprévisible, je ne sais pas jusqu'à quand je pourrai le supporter. Heureusement Jules et Amélie sont partis en pension. Même si ils me manquent, je me console qu'ils n'aient plus à subir les caprices de leur père. Le petit Henri est mon seul bonheur dans ce triste mariage.

02 janvier 1951. Nous avons enterré mon bébé le lendemain de Noël. Je revois encore son visage paisible lorsqu'il tétait. Le feu a pris trop vite. Je crois que je suis morte avec lui ce jour-là.

21 janvier 1951. Mais quelle vie est-ce là celle que je mène! Je me traine dans cette maison vide où les colères de Charles résonnent bien trop souvent. Il me fait croire que je suis coupable de la mort de mon petit Henri! Parfois je rêve que je suis légère comme les cerfs-volants de Jules, et je m'envole à jamais pour échapper à tout cela.

18 février 1951. Je ne supporte plus les reproches de ma belle-famille! Même l'église et les prières d'Amélie n'arrivent plus à effacer ma douleur. Hier soir, Charles m'a battu encore une fois, hurlant qu'il avait bien fait de laisser cette bougie allumée sous le sapin. Je ne sais plus que penser. Il me détruit chaque jour un peu plus.

03 mars 1951. Je dépéris, voici des semaines que je ne mange presque rien, et je n'ai plus que la peau sur les os. Les voisines s'inquiètent et me posent mille questions. Quelle bande d'hypocrites! Je les vois bien détourner le regard quand les coups de mon mari me laissent trop de marques! Si je mourais, il n'y aurait pas une personne ici pour pleurer sincèrement sur ma tombe. Je les entends chuchoter dans mon dos. Tout le monde me reproche la mort d'Henri. Il faisait si froid, j'ai préféré le laisser là où il s'était endormi, bien au chaud dans le fauteuil près du poêle. Parfois je me réveille en sursaut, croyant sentir la fumée et les flammes qui me lèchent les jambes.

15 avril 1951. Le médecin vient de partir, me laissant encore des fortifiants dans l'espoir que je me remette. Mais la maladie dont je souffre ne se guérit pas, et encore moins avec un mari qui me bat sans arrêt. Ma propre mère m'a dit qu'elle ne supporterait pas la honte d'un divorce. Que me reste-t-il? Je voudrais mourir! Je crois que même la peur de commettre un tel péché ne m'arrêterait pas.

06 mai 1951. J'ai repéré l'endroit où Charles range son fusil de chasse, ainsi que les cartouches. Je l'ai vu tant de fois armer ce fusil et tirer les palombes que je suis certaine de pouvoir l'utiliser. Je me suis surprise à me sentir joyeuse en pensant à ça. Cela fait trop longtemps que rien ne me rend plus heureuse. Je suis allée voir le curé ce matin pour qu'il fasse dire une messe la semaine prochaine. Henri aurait fêté son premier anniversaire le quatorze. J'aurais fait un beau gâteau plein de crème comme quand Jules et Amélie étaient petits. Je crois que je n'ai plus assez d'eau dans mon corps desséché pour verser encore une seule larme.

- - -

14 mai 1951. Le soleil brillait de mille feux quand Margaux se leva. C'était une journée resplendissante. Elle aurait préféré un jour de pluie, des orages et un tonnerre de Dieu pour cacher ses sanglots. Se hâtant d'aller préparer le café avant que son mari ne se lève, elle enfila sa robe de chambre par dessus ses épaules osseuses et descendit à la cuisine. Il restait du charbon dans le poêle et elle raviva le feu sans effort pour y poser la cafetière émaillée. Elle effectuait chaque geste sans se poser de question, tel un petit soldat bien entrainé. Avec le temps, Margaux avait appris à satisfaire son mari avec précision, sous peine de recevoir une volée de coups dès le matin. Ainsi elle disposa au millimètre son couvert, fit griller son pain, ôta la cafetière qui ronflait déjà, plia la serviette brodée de leurs initiales, et quand tout lui parut parfait, elle sortit furtivement de la pièce. Charles lui avait déjà reproché sa façon de marcher; comme une féline, on ne l'entendait jamais arriver.

Elle sortit dans la fraicheur du matin et se dirigea vers l'atelier de son époux. Dans le placard fait sur mesure, le fusil était soigneusement rangé, brillant encore du dernier nettoyage dominical. Elle contempla un long moment cet objet salvateur.

– Margaux! hurla Charles.

Le coeur de la jeune femme se figea, comme arrêté dans son élan. Son mari était dans la cour et s'époumonait. Elle avait dû oublier quelque chose. Il allait venir, la trouver, la frapper encore et lui confisquer le fusil. Non! Pas aujourd'hui! Elle voulait en finir, partir rejoindre son fils pour fêter avec lui son premier anniversaire.

– Qu'est-ce que tu fais là? cria Charles dans son dos.

Margaux fit volte-face, le fusil et deux

cartouches entre ses petites mains frêles.

– Ha, ha, ha, tu veux faire sauter ta petite cervelle de moineau? se moqua-t-il.

Elle positionna l'arme vers son visage presque enfantin, chargea et ôta la sécurité en un cliquetis dérisoire.

– Tu n'oseras pas!

– Je vais partir Charles, je m'en vais rejoindre Henri.

– Quoi? Tu es folle! Tout ça pour ce gamin! Et bien vas-y, j'aurais dû t'étouffer dans ton sommeil comme lui. grinça-t-il.

– Mais… Qu'est-ce que tu dis? balbutia Margaux, le coeur en miette. Les larmes jaillirent de ses yeux sans qu'elle puisse les retenir.

– Tu croyais que j'allais élever ce petit bâtard comme mon fils? Tout le monde savait! Je ne supportais plus sa respiration, j'ai pris l'édredon…

Margaux tira. Clac… cliquetis… Clac… Deux coups secs qui résonnèrent dans tout le quartier. Le sang éclaboussa ses petites pantoufles fleuries. Le fusil tomba par terre presque en même temps que Charles.

Sa désormais veuve l'enjamba sans à peine un regard pour son visage défiguré. Elle ne pensait plus à rien. Ni aux voisins qui le plaindraient de sa femme qui avait perdu la tête, ni à ses enfants déjà grands, ni aux foudres du ciel qui ne manqueraient pas de s'abattre sur elle. Un sentiment de calme absolu et de devoir accompli s'empara d'elle. De son pas de chat, elle emprunta le chemin sinueux qui menait à la plage.

L'océan s'ouvrit à elle, puissant et immortel, ses vagues crachant leur écume sur le sable mouillé. Margaux se dénuda entièrement, le soleil lui chatouillant la peau, et se dirigea droit vers la mer. L'eau salée la pénétra de toute sa froideur et lui glaça le sang. Elle s'enfonça lentement, ses pieds menus cessèrent de toucher le fond et la mer l'emporta. Ses cheveux blonds flottaient autour d'elle en tentacules et ses bras se soulevèrent lentement. Dans l'immensité aquatique, elle ouvrit les yeux pour la première fois de sa vie et voulu crier de toutes ses forces l'injustice qu'elle avait si bien enduré. L'eau s'engouffra dans ses poumons en une douleur fulgurante qui la libéra enfin. Elle s'imagina telle une bouteille qui irait délivrer au monde un précieux message: que ce soit pour la vivre, la diriger ou la célébrer, la donner, la sacrifier ou bien l'ôter: ne vous trompez pas de vie.

***

Libre

La route. Droit devant, à perte de vue, la route s'offre comme une vierge le jour de ses noces. Il n'y a qu'à la prendre, s'en emparer et la faire sienne. Au bout, qui sait? La vie qui attend, la liberté en chemin. Je n'ai besoin que de mes deux jambes et de sentir le vent du soir sur mon visage. Mon sac est lourd et mes chevilles trainent des chaines au cliquetis assourdissant. Heureusement, les maillons s'émoussent à chaque pas et se brisent à chaque étape. Je me sens plus léger à mesure que les mois passent. Au milieu des champs de maïs, je serpente en petits nuages de terre poussiéreuse. Mais c'est lorsque la nuit tombe que je savoure mon voyage. Le ciel s'assombrit peu à peu, et sans m'en rendre compte, mes yeux se fondent dans cette obscurité qui entoure mes pensées.

Je navigue au milieu d'ombres dans ce paysage pâle de lune timide. Et puis, une silhouette s'élance vers le ciel, un clocher troue cette sainteté céleste qui m'abritait si bien en loupiotes filantes. Mes pieds frappent une sourde partition sur le sol rocailleux. Le chemin facile n'est pas le plus vertueux, disait la Grand quand je doutais. Me voilà, heureux, le ventre creux et la tête remplie de viles fiertés. Je répète: le ventre creux. Voilà plus impératif que ces idioties existentielles qui se bousculent au portillon de mon esprit torturé. Manger. Ce n'était pas un village; en fait il n'y a qu'une grosse église bien ventrue mais pas une habitation autour. Les détails se dessinent à mesure que je m'approche. Une petite porte apparait dans ce mur interminable que forme le côté de la bâtisse. Toc-toc-toc, fait ma main en heurtant le bois sans égards. Silence. Bruit de pas glissant. Serrure qui grince un peu trop.

– Que désirez-vous? s'enquit une dame au visage lisse et blanc comme un sein de fermière.

– Bonsoir. Je crois que je me suis égaré. J'ai besoin d'un abri pour passer la nuit.

Pour une fois, on ne me toise pas de la tête aux pieds en fronçant les sourcils. La bonté. Un petit éclair brille dans ses yeux et je l'aperçois, la bonté. La porte s'ouvre et je me laisse volontiers accueillir par une lumière tremblotante de chandelle.

– Nous avons une cellule pour les pèlerins, vous y serez très bien. Mais vous ne pourrez pas vous aventurer dans le couvent. Nous sommes une communauté fermée, composée de religieuses qui obéissent à des règles strictes. Je suis Soeur Marie-Laurence. Suivez-moi je vous prie.

Un petit bout de femme rond et doux, à la voix mélodieuse et chaude. Je la suis dans des couloirs austères où résonnent nos pas.

– Merci. Je n'ai rien d'un pèlerin mais je ne vous dérangerai pas. Je serai parti au matin.

Elle s'arrête si net que je manque de lui rentrer dedans et se retourne en souriant d'un air entendu.

– Nous sommes tous des pèlerins. Sinon pourquoi serions-nous ici?

La soeur ne me laisse pas le temps de répondre. Tant mieux car je ne sais pas trop quoi dire! Et elle se plante devant une petite chambre qui semblait m'attendre. Un lit bas avec un oreiller un peu plat, des draps en lin amidonné et une de ces couvertures qui grattent. Une petite table et sa chaise. En face de moi, une minuscule fenêtre n'offre que du noir. Sur le mur de gauche, évidemment, ce bon vieux Jésus continue de souffrir sur sa croix dans une éternelle agonie. La religieuse suit mon regard, s'amusant de ma tête.

– Installez-vous. Je vais vous ramener quelque chose à manger. dit-elle comme si elle avait percé un secret. Elle allume une bougie et tourne les talons. Mon ventre grogne.

Je laisse tomber mon sac et je m'assois, la fatigue fourmillant dans chaque membre. J'ai l'impression qu'une seule seconde s'est écoulée quand la nonne revient déjà les mains chargées. Contente, elle dépose joyeusement un ragout fumant, du pain et du fromage sur la table. Rangeant le plateau sous son bras, elle m'encourage:

– Allez, mangez pendant que c'est chaud!

Je m'attable et commence à dévorer ce délicieux diner. Je me sens comme chez moi alors que Marie-Laurence, debout dans l'encadrement de la porte, me couve d'un regard satisfait.

– Que cherchez-vous sur les routes? me demande-t-elle.

– La liberté.

– Pensez-vous donc qu'elle se cache quelque part au bord d'un chemin?

– Peut-être. En tout cas je ne l'avais encore jamais vue! Alors que là, j'ai parfois l'impression de l'apercevoir.

Elle semble réfléchir intensément, sans se moquer de ma recherche désuète.

– Et vous, l'avez-vous déjà vu, ma soeur?

– Je dois avouer que je l'ai cherché, moi aussi, il y a longtemps. Je l'ai souvent confondue avec d'autres choses. Et puis, je crois finalement l'avoir trouvée ici.

– Vous vous sentez donc libre, enfermée ici avec toutes ces règles auxquelles vous devez obéir?

Elle sourit et s'assoit sur le lit.

– C'est cela justement qui nous permet de nous libérer de tout ce qui n'est pas important. Nous n'avons pas à nous préoccuper de savoir que faire de nos journées, de nos corps. Ainsi notre esprit et notre coeur sont libres. Cela peut paraitre contradictoire mais il en est ainsi. Il vous faudra trouver ce qui vous enchaine afin de vous en libérer.

– Oui, enfin vous avez de la chance de trouver de la liberté dans votre quotidien.

– C'est ainsi que les simples tâches de chaque jour peuvent nous apporter la joie et le vrai contentement.

Elle se lève, débarrasse mon assiette vide sur son plateau et disparait avec un sourire.

– Bonne nuit. me dit-elle simplement en fermant la porte.

Je m'écroule sur le lit après avoir soufflé la chandelle. L'obscurité est si intense que je crois voir des dessins de couleurs devant mes yeux.

Le sommeil, doux et réparateur, m'emporte en un instant. Ce n'est qu'au petit matin que je me rends vraiment compte de la beauté simple des lieux. Je comprends cette femme au sacrifice sans fardeau. La paix règne en silence dans cet endroit hors du temps. Peut-être est-ce là sa liberté trouvée? En tous cas, même si je l'apprécie, ce n'est pas la mienne. Mon esprit a besoin d'horizons et de perspectives à venir. Je dis au revoir, reconnaissant, à Marie-Laurence. Elle m'aura au moins réconcilié avec les représentants de cette religion reniée.

Le soleil pointe à peine et mes pieds reposés me portent vite dans la campagne qui s'illumine. Je ne sais pas vraiment où aller, mais mon pas est sûr et léger. Il m'emmènera jusqu'au prochain village, niché entre des collines plantées de vignes encore vertes. J'entends bientôt le roulis des voitures sur la petite route qui le borde. Pouce levé, je tente ma chance pour approcher plus vite de la mer dont je devine les embruns.

– Tu vas où? me lance une petite blonde dans une voiture rouge.

– Au bord de mer.

– Monte!

Je m'exécute sans autre et me retrouve aux côtés de Marlène, une jeune maman bien sympathique. Deux petites têtes étonnées m'observent en silence depuis la banquette arrière. Ils sentent bon une odeur étrange d'innocence oubliée.

– Je dépose les enfants à l'école et puis je t'amène, ok?

– Oui bien sûr, c'est gentil de ta part.

Bob Marley chante tranquillement dans le vieux poste pendant que je regarde Marlène embrasser ses petits devant un portail bruyant. Elle finit par leur tourner le dos après un dernier geste de la main et ses hanches se balancent vers la voiture.

– Voilà, alors on y va. Tu veux aller dans quel coin?

– Peu importe, j'aimerais juste un bout de plage où planter la tente une ou deux nuits.

– Alors je connais un endroit sympa à une vingtaine de kilomètres.

Elle a l'air contente d'elle, prête à me conduire où il faudra comme elle ferait pour un cousin éloigné. J'aime ses yeux qui se plissent quand elle rit et ses joues bien remplies. Elle me pose mille questions auxquelles je réponds sans fausseté et elle parait satisfaite de mes réponses.

– J'aime la franchise. me confirme-t-elle.

La petite voiture crapahute bientôt sur un chemin défoncé entre des herbes sauvages. Elle finit par se garer sur un terrain plat entouré sommairement de barrières en bois. En ouvrant la portière, l'air marin emplit mes poumons.

Un seul autre véhicule est garé là; l'endroit semble préservé.

– Viens, il y a un raccourci par là.

Nous nous enfonçons dans un sentier étroit au milieu des buissons pour arriver sur un grand espace abrité du vent par une barre de végétation fournie. Juste derrière: la plage.

– Voilà, tu pourras t'installer par ici, et tu seras tout près de la mer.

– Merci, c'est magnifique!

La plage est étendue et presque déserte. On distingue quelqu'un qui promène son chien au loin. Les vagues s'écrasent bruyamment sur le sable mouillé. J'adore! La puissance de l'élément force l'humilité. Je ne suis rien. Comme les autres, je pourrais ne plus être là et ça ne changerait rien, les vagues continueraient d'un même rythme, ne marqueraient même pas une petite pause en hommage à ma vie.

Non, vraiment, je me demande ce que je pourrais apporter au monde pour le marquer juste un peu.

– Tu crois que c'est ça la liberté Marlène?

– Non, enfin, pas juste ça.

– Tu es libre toi?

–Maintenant oui. Avant j'avais peur en attendant qu'il rentre du boulot. J'étais prisonnière de cette peur, de ses coups et ses colères. Je suis partie une nuit avec les enfants. Et depuis, je suis libre. Je peux choisir de quoi avoir peur. Je crois que c'est ça la liberté car finalement, on ne peut pas choisir grand chose. Et toi, tu es libre?

– Je ne sais pas. J'étais aussi prisonnier d'une vie que je n'avais pas choisie. Je suis parti mais je ne me sens pas vraiment libre, juste un peu moins entravé.

Elle s'approche de moi et pose sa tête contre mon épaule. Tout est dit et nous restons un long moment silencieux devant le fracas de l'eau déchainée.

Marlène est finalement partie après m'avoir aidé à m'installer. J'aimais bien sa compagnie, mais je suis mieux tout seul. Je déballe le casse-croute que m'a préparé Marie-Laurence. Elle a rempli mon sac de vivres pour au moins trois jours. Cela me permettra de rester ici sans besoin d'aller me ravitailler. Et Marlène a insisté pour me laisser de l'argent. Alors que je finis de manger, j'entends un moteur s'approcher. Quelques minutes plus tard, un jeune homme sort du petit sentier les bras chargés de tout un barda de campement. Il semble étonné de me voir, un peu gêné.

– Salut, je voulais m'installer ici. Ça ne te dérange pas?

– Non, pas de souci. De toutes façons je pars demain.

– Ok, cool. Moi c'est Stéphane. dit-il en me tendant une main forte.

– Moi c'est Antoine. Tu voyages?

– Ouais mec, je surfe!

– Ah, tu cherches la vague c'est ça?

– Oui, enfin, je les suis, partout où elles se cachent.

Il me lance un sourire aux dents blanches militairement alignées. Ses cheveux mi-longs chatouillent des épaules carrées, à la peau bronzée. Il a l'air sain, pas trop hippie dans son genre. Il me plait bien!

– Et toi, tu fais quoi?

– Je ne sais pas. Je voyage, je cherche la liberté.

– Comme ça? Sans autre but? Mais c'est ça la liberté mon gars. Arrête de chercher! rit-il sans se cacher. Il a un peu raison, pourtant je continue ma quête. Je n'ai plus de murs autour de moi, plus d'incompréhensions, de mensonges ni de méchanceté, ni d'adieux déchirants. Mais je ne me sens pas vraiment mieux. Je suis en train de chercher quelque chose sans être vraiment sûr de vouloir le reconnaitre.

– Je crois que quelque chose m'échappe encore. lui dis-je au risque de paraitre stupide.
– Ouais, je vois ce que tu veux dire. Ça me faisait ça aussi au début. Un jour une fille m'a dit que c'était les restes d'une autre vie, que ça prenait du temps à nous lâcher.
– C'est possible.
Stéphane a finit de monter son campement, pas trop proche du mien. Il ramène enfin sa planche et file vers l'eau en souriant. Je l'envie un peu, de ne pas se poser toutes ces questions qui me hantent. J'ai l'impression qu'une main invisible serre mon coeur constamment pour ne lui laisser aucun répit.

- - -

Après deux jours ici, mes pieds s'engourdissent et je sens qu'il est temps de partir. Demain, c'est mon anniversaire. Vingt ans. Pas de bougies car personne ne sera là pour me regarder les souffler. Je remballe mes affaires et regarde la carte pour décider où aller. L'océan a su calmer ce qui s'agitait encore en moi, mais ce n'est pas assez. Allons, je n'irai pas en ville. Après la mer, la montagne? C'est loin mais je pourrais prendre un train. Me voilà décidé et, après un adieu à Stéphane, je m'en vais vers la route. La mer sur ma gauche m'accompagne encore doucement alors que mon regard se perd dans le vert de la lande. Il faudra deux heures de marche avant qu'une voiture s'arrête. Un bonhomme âgé aux frisottis blanchissants et la peau burinée se propose de me conduire à la gare.

– Je m'appelle Ahmed. me dit-il avec un fort accent. C'est beau la jeunesse hein! Tu voyages comme ça tout seul?

– Oui, je me balade.

– Tu vas où?

– J'aimerais aller un peu à la montagne.

– Ah oui? Moi je déteste la montagne! Ça me rappelle mon enfance: trop dur! J'accompagnais ma grand-mère, on marchait toute la journée… Non, trop dur! Heureusement que mes enfants n'ont pas connu ça!

– Je crois que j'ai besoin de cette dureté de la nature. Je connais déjà celle de l'humain.

– T'es un petit philosophe toi, hein? Mais t'as raison, malgré tout, les montagnes ne sont pas aussi dures que les hommes. Et puis, si c'est ton mektoub, tu iras. On n'y échappe pas!

Un rire franc et joyeux sort en cascade de sa bouche noire. On dirait qu'il est heureux et ça me réconforte. Par contre, il conduit n'importe comment et quand nous finissons par arriver

devant la gare, je suis soulagé de descendre. Ahmed me tend une main amicale et démarre en trombe, criant de tout coeur:
– Bon voyage!
J'en souris encore en entrant dans la petite gare. Le jingle archi connu retentit, annonçant une arrivée. Je file acheter un billet et j'attends le prochain train qui m'amènera vers ces montagnes qui m'attirent. Il me reste du pain et du fromage, ça suffira jusqu'au soir. Autour de moi, des familles se déchirent ou se retrouvent, des amoureux s'embrassent une dernière fois. J'aime cette ambiance éphémère des gens qui transitent, depuis ou vers un inconnu qui me fascine. Je me plais à imaginer l'histoire de chacun, espérant qu'elle soit passionnante et mystérieuse. Déjà mon train est là, et je me hisse dans le wagon deuxième classe accompagné de quelques jeunes gens à l'air résigné. Eux ne sont

pas libres du tout, ça se voit. Ils sont tous liés à un destin qui n'est pas le leur. Ils ont oublié leurs rêves, ou les ont mis de côté avec une excuse qu'ils s'acharnent à croire. Je ne les blâme pas. Ils font ce que le monde entier attend d'eux. Et pourtant, c'est ce même monde qui admire ensuite les singuliers personnages qui ne l'écoutent pas. Il leur trouvera même du génie pour peu qu'ils ne renoncent jamais. Le train de mon insignifiante vie me porte telle une maternelle matrice, digérant mes pensées et mes pas. Les conversations des passagers s'emmêlent en un brouhaha inaudible.

– C'est libre? demande une voix aiguë en montrant du doigt le siège d'à côté.

– Oui, je vous en prie.

– Merci. Je m'appelle Maeve, et toi?

– Antoine.

– Tu vas jusqu'au terminus?

– Oui, je vais à la montagne.

– Alors on va voyager ensemble! se réjouit-elle.

Maeve est une jeune fille aux longues boucles rousses et à la peau blanche parsemée de minuscules tâches couleur caramel. Dans ses yeux émeraude brille une lumière encore inconnue de moi, intrigante de sérénité. Elle sourit en regardant le paysage défiler, la lumière du soleil embrasant ses cheveux. J'imagine son corps près du mien, son odeur emplissant mes narines et sa peau sous ma main. Incroyable comme une femme peut tout chambouler! Elle avait l'air bavarde et curieuse, mais nous n'échangeons plus un mot de tout le voyage. Parfois il n'y a pas besoin de parler. Le train nous berce pendant deux heures et la vue change, devenant plus abrupte et moins verte. A moitié somnolents, nous découvrons en plein coeur des montagnes un petit village niché dans une nature presque hostile.

– Au revoir Antoine, j'espère que tu trouveras ce que tu cherches ici. me lance Maeve de sa petite voix douce.

– Ai-je l'air de chercher quelque chose?

– En tous cas tu n'as pas l'air d'avoir trouvé! Mais je suis sûre que tu y arriveras; les montagnes sont parfaites pour ça, tu verras.

La jeune fille sourit, m'embrasse sur la joue et s'en va, laissant derrière elle un arôme de bonbon et mon coeur assiégé. Elle était belle. Je me prends à penser que j'aurais pu tout laisser tomber pour une fille comme ça. Peut-être que la liberté dont je suis à la recherche n'aurait pas la même saveur si je pouvais la partager? Non, je dois la trouver seul, tel un guerrier. Ainsi le jour où j'offrirai mon coeur, il sera délivré, propre et rutilant, pur comme un diamant. Pour l'instant, je n'ai que des interrogations et de vieilles

blessures à donner. Autant les garder pour moi!
La lumière m'éblouit en sortant de la petite gare.
Un ciel d'un bleu intense s'étale au-dessus de la
tranquille bourgade. A gauche, à droite, ou tout
droit. Premier choix. Ce sera côté coeur. Le
visage paisible de Maeve danse encore devant
mes yeux alors que je marche sans trop savoir où
me mèneront mes jambes. Tous les braves gens
que je croise m'agacent sans le vouloir. Je
voudrais leur parler, les connaitre, savoir où ils
vont, pourquoi ils font ce qu'ils font, qui les fait
sourire et ce qui les fait pleurer. Je crois qu'en
les comprenant, je pourrais peut-être me
comprendre moi-même. La frustration est grande
de devoir faire semblant d'ignorer. Sont-ils
seulement heureux? Le serai-je un jour? Je sors
rapidement de la ville pour me retrouver sur une
étroite route qui grignote la montagne. Les
voitures ne sont pas nombreuses mais elles me

frôlent dangereusement. Un chemin partant entre deux arbres, le long d'une clôture délabrée, je m'y enfonce sans hésiter. C'est comme si mes pieds savaient mieux que ma tête où ils doivent me conduire. Docile et curieux, je les suis le long d'un vieux muret aux pierres à demi écroulées. Je passe sous les branches insolentes d'un chêne familier qui borde le chemin. Au bout se trouve une maison. Je ne la vois pas encore, mais je le sais. Je connais ce chemin. Mes mains ont déjà caressé ces pierres et mes pieds ont déjà foulé cette terre brune. Où suis-je?

Déjà je vois la maison aux murs effrités. Je me suis déjà assis sur les marches bancales du perron. Une niche noircit au milieu de l'herbe folle mais le chien n'est plus là depuis longtemps. Je m'en réjouis car ses aboiements m'angoissaient. Qu'est-ce que je fais là?

Des souvenirs inédits m'assaillent dans une

atroce sensation de déjà-vu. Je sens la nausée m'envahir. La liberté, ce n'est pas ça! Elle m'échappe, se recroqueville dans mon esprit confus. Qui suis-je?

Mes yeux se ferment sur des larmes qui refusent de couler. Je la vois, lointain fantôme d'un autre temps. Elle était belle, son sourire me réchauffait et ses cheveux me caressaient lorsqu'elle se penchait pour m'embrasser. Sa voix me chantait le bonheur d'être aimé. Mon enfance. Un mot, une envie, un manque, une souffrance en agonie. Où es-tu? Ton absence a manqué me tuer dans un méandre de questions suspendues. Je me rappelle. Des années à errer en cherchant un paradis perdu et oublié. La main forte de mon père qui empoignait mon coeur et le serrait pendant tout ce temps. La douceur de ma mère qui manquait dans les yeux de chaque fille que je regardais. Cet arbre aux feuilles mortes sur leurs

branches cassées, privé de ses racines. Je suis l'arbre. La sève de mes souvenirs coule en moi, délivrée d'une injuste amnésie. Je peux sentir mes racines s'étaler et s'arrimer dans un sol fertile de joie enfantine. Je peux secouer mes branches qui ne sont plus cassées. Je peux sentir le vent frémissant dans des feuilles nouvelles comme autant de promesses. J'ai trouvé. Au bout du dernier des chemins, j'ai trouvé ce lien qui m'attachait, m'emprisonnant dans un passé poussiéreux. J'ai trouvé le boulet qui ralentissait mon pas quand j'allais en croisade. J'étais l'arbre. Maintenant je suis le vent, l'eau du ruisseau, l'herbe verte ou le chien qui n'aboie plus. Je suis ce que je veux bien être.
Je suis libre.

***

Amour et turpitudes

D'abord il y a le toucher, rugueux et soyeux à la fois. Et puis, lorsqu'on l'ouvre, l'odeur monte aux narines et les laisse empreintes de cérémonial en pâte à papier. C'est d'abord pour cela que Pauline adore les livres. Seulement ensuite pour ce qu'ils contiennent. La jeune femme pousse son chariot emplit de mots entre les allées de la bibliothèque. Ordre alphabétique. Voyons, mais qui a décidé que les livres devaient se classer comme ça? Si ça ne tenait qu'à elle, elles les auraient classé par catégorie d'écrivains: les mégalomanes, les ratés, les passionnés, les fous... ou alors par émotions que leurs écrits procurent: ceux qui font pleurer, qui dérangent, qui vous collent à la peau, qui vous révoltent... En tout cas pas par ordre alphabétique! Pauline s'appelle Zairi. Le jour où l'un de ses livres se retrouvera ici, entre les autres sur son chariot, elle sera irrémédiablement condamnée à le ranger en bon dernier. Z. Inacceptable!

C'est peut-être pour cela qu'elle ne se décide pas à publier ses écrits. Dire qu'elle en est à son deux-cent-vingt-troisième poème, sa quarante-cinquième nouvelle, et son sixième roman! Des textes qu'elle s'amuse à écrire, imprimer, et relier pour les ranger dans sa cave et ne plus jamais les ressortir. Si l'on pouvait les lire, on se rendrait compte que Pauline Zairi se place sans conteste parmi les écrivains contemporains les plus prometteurs et talentueux que le monde puisse connaitre. Mais voilà, le monde l'ignore. Et Pauline en prend un malin plaisir.

Pourtant, ce matin d'automne, alors que les arbres ont déjà bien jauni et que la pluie tombe sans faiblir depuis deux jours, le destin de la jeune bibliothécaire est sur le point de changer.

C'est dans ce genre de moment que l'on aimerait recevoir un signe. On devrait voir apparaitre une lanterne rouge, entendre un roulement de tambour, ou une musique angoissante comme dans les films. Or rien. La porte s'ouvre sans un grincement, sa collègue ne l'avertit pas, les livres ne tombent pas de leurs rayons… rien de rien. Ah, si! Enfin, le téléphone sonne.

– Allo?

– Mademoiselle Zairi, c'est Marcello, le concierge.

– Oui Marcello. Il y a un problème?

– On peut dire ça, oui. Les caves sont inondées! La pluie, vous savez. Mais j'ai les clés. Si vous voulez, je peux vider votre cave et monter les choses chez vous?

– Heu… Oui, si vous voulez.

– Je sais que vous n'avez que de la paperasse. Ce sera perdu sinon.

– Oui vous avez raison, merci. Faites au mieux. Je rentre à dix-sept heures.

– D'accord. Ne vous inquiétez pas, je m'occupe de tout.

Un clic pour raccrocher et un déclic dans son coeur qui lui hurle de rentrer chez elle vider sa cave. Mais elle ne peut pas, donc elle n'écoute pas. C'est une jeune femme raisonnable, à classer dans la catégorie « tête froide », et elle a pleinement confiance en son adorable concierge. Sa journée s'écoule sans drame ni rebondissement, et lorsque l'immense horloge de la bibliothèque atteint dix-sept heures, Pauline rentre chez elle. Clé dans la serrure, toujours pas de musique angoissante, la porte s'ouvre et une odeur d'humidité attaque son odorat sensible. Papier pourri. Voilà une odeur de cauchemar! Sur le sol de l'entrée, des cartons mouillés s'entassent mollement. Quoi? La lanterne rouge s'allume en clignotant dans sa tête. Elle ouvre un carton. Des factures. Un deuxième. Des pages de comptabilité. Elle entend enfin la mélodie fracassante qui emplit sa tête. Ce ne sont pas ses affaires! Les tambours s'en donnent à coeur joie. Où sont ses textes? Qu'a donc fait ce cher vieux Marcello? C'est la panique! Adieu tête froide. Pauline sort en trombe et se précipite chez le concierge. Elle frappe à sa porte aussi fort que son coeur dans sa poitrine.

– Ah mademoiselle Zairi. J'espère que tout n'a pas pourri!

– Non, non. Le problème c'est que les affaires que vous avez montées chez moi ne sont pas les miennes. Vous avez dû vous tromper.

– Oh mince! Je suis navré.

– Ces papiers sont importants pour moi. Voulez-vous bien m'aider à les retrouver?

– Mais oui mademoiselle. Venez, on va aller voir

chez les voisins. L'un d'eux les a certainement. Pauline emboite donc le pas de Marcello, un drôle de pressentiment l'oppressant comme un étau. Le vieux concierge s'essouffle dans les escaliers trop étroits et raides. Une goutte de sueur perle dans les bouclettes blanches de sa nuque. Ils arrivent chez l'élégante Madame Lewis. Pour s'entendre dire que la bourgeoise ne sait rien des manuscrits de Pauline. Deuxième porte. Monsieur Privat, le mécanicien qui fait régulièrement l'entretien de la vieille Volvo de Pauline. Il est juste content d'avoir récupéré les photos de communion de son grand-père. Etage supérieur, la première porte est celle de Pauline. La deuxième, celle d'Eléonore, une jeune étudiante timide qui ne s'exprime qu'en murmures inaudibles. Ils comprennent quand même qu'elle n'a rien non plus. Fichu escalier. Marcello souffle comme un boeuf et Pauline se concentre sur la sueur de sa nuque pour éviter de penser au pire. Dernier étage. La voisine du dessus, Madame Azevedo, et sa ribambelle d'enfants aux pieds assourdissants ne savent rien non plus. Dernière chance. De nouveau les tambours qui battent aux oreilles de Pauline. Monsieur Harris, le vieux loup solitaire, regarde d'un air méfiant les deux personnes qui osent le déranger en pleine retransmission d'un célèbre opéra. Toisant Pauline de toute sa hauteur, soupesant la valeur de cette jeune fille à lunettes rondes qui se tortille d'angoisse devant lui, il secoue lentement la tête en haussant les épaules. Rien. Rien de rien. Oualou. Nada. Pauline sent son monde se dérober sous ses pieds. Elle a perdu ses manuscrits. Non, c'est impossible!

– Marcello, vous êtes sûr de les avoir sorti de ma cave?

– J'en suis certain mademoiselle. J'ai tout vidé.

Il n'y a plus rien en bas! Je ne comprends pas. répond le brave homme, sincèrement désolé. Pauline s'en va, épaules basses, sans répondre au concierge. Une fois rentrée, elle regarde encore dans les cartons posés par terre. Des factures diverses, de la comptabilité familiale. Pas de nom. Allons, il faut réfléchir ma fille, aurait dit sa mère. Alors Pauline réfléchit. Ses écrits ne sont plus dans la cave, le fils de Marcello est allé vérifier. Ils sont forcément chez un des voisins. Pourquoi cette personne ne le dirait pas? Qui peut être assez fourbe ou malin pour garder ce secret de polichinelle? Pauline a envie de hurler au monde ce sentiment d'injustice qui l'assaille. Autant dire que la nuit est difficile à passer. La bibliothécaire a l'impression que la terre entière a conspiré contre elle. Une machination machiavélique, voilà ce dont elle est victime! Et effectivement, c'est au matin, lorsqu'elle voit une enveloppe dépasser de sa boîte aux lettres, qu'elle en prend toute la mesure. D'une main fébrile, elle déchire l'enveloppe et en sort un de ses poèmes, accompagné d'une lettre qu'elle fait résonner dans sa tête:

« Mademoiselle, si j'avais la moitié de l'immense talent dont vous êtes dotée, j'aurais pu écrire le premier vers de ce poème, et, ce faisant, j'aurais su éveiller en vous une once des sentiments que j'éprouve pour votre incroyable personne. »

Pas de signature. Pas de demande de rançon ni d'affreux chantage. Un amoureux secret? C'en est tellement ridicule que Pauline croit défaillir! Bon, on peut au moins éliminer la prétentieuse Lewis, l'étudiante muette et la prolifique dame du dessus. Il s'agit d'un homme. Le concierge?

Malgré la gentillesse de ce cher Marcello Alvarez, impossible d'y songer sans un haut le coeur. Restent le mécano et le snob du dernier étage. Pas vraiment mieux!

En fait, le petit mot est assez bien tourné et Pauline se souvient de la facture bourrée de fautes du garagiste. Ce ne peut pas être lui. Tandis que le vieil amateur d'opéra en serait peut-être capable. Pour en avoir le coeur net, une seule solution amène Pauline au dernier étage. Elle sonne à la porte et le voisin à la mine revêche lui rit au nez en lisant la note amoureuse.

– Vous croyez sincèrement que j'aurais pu écrire ceci? J'ai soixante-huit ans mademoiselle, j'ai passé l'âge pour ce genre d'enfantillage.

La porte claque tandis qu'il rit encore d'un sarcasme insolent, laissant la jeune femme complètement dépitée.

Le lendemain matin, Pauline découvre d'un oeil

morne un autre de ses poèmes dans la boite aux lettres, accompagné d'un nouveau mot doux:

« Mademoiselle, soyez assurée que je ne laisserai pas un tel talent gâché par un manque d'ambition déplacé. Le monde devra connaitre vos mots, et s'en trouvera changé aussi bien que mon coeur à la découverte de vos écrits. »

Mince alors! Mais il se prend pour qui celui-là? Pauline n'a rien demandé et ce type lui vole son intimité, prévoyant même peut-être de la rendre publique. Mais que faire? Impossible de savoir de qui il s'agit. La bibliothécaire se sent comme menottée, à la merci des lubies de cet inconnu qui croit l'aimer. Et elle ne peut rien faire d'autre que de découvrir chaque matin un poème et un petit mot, qu'elle remet dans un classeur dans sa chambre. Chaque soir, elle continue d'écrire, comme un pied de nez à celui qui l'a prise en otage littéraire. Et c'est ainsi pendant deux-cent-vingt-trois jours, car elle a compté. Ce matin-là, elle se demande si le fou de la boite aux lettres passera aux nouvelles ou aux romans maintenant qu'il est à court de poèmes. Mais au milieu des factures et des prospectus pour machines à laver, il n'y a qu'un petit mot, minuscule, écrit à l'encre rouge d'une plume timide:

« Vous méritez d'être la première parmi les grands de ce monde. »

La première quoi? La première cruche à se laisser prendre à un petit jeu stupide! Quoique, après tout, ce n'est pas si mal de trouver un gentil mot chaque matin. C'est même agréable de se sentir courtisée pour la première fois de sa vie. Partager un secret avec un inconnu, c'est le rendre de fait intime et complice. Elle commence même à redouter que tout cela cesse un jour et que plus jamais personne n'ait envie de lui écrire des jolies choses. Peut-être qu'elle l'aime déjà un peu...

Ou peut-être que c'est une variante du syndrome de Stockholm? lui crie la petite voix autoritaire de sa tête froide. Levant les yeux au ciel, elle se dit qu'il sera toujours temps de décider. Et hop, au boulot! Le printemps dégouline de joie partout dans les rues de la ville, trop radieux et pas assez dramatique pour les circonstances.

A la bibliothèque, Pauline retrouve sa collègue, son chariot de livre, son ordre alphabétique. Les A, ces petits profiteurs, s'entassent patiemment devant les autres. Cette chère Jane Austen, classique et merveilleuse. Puis Alban Alvarez, un nouveau, inconnu au bataillon des A, ira quand même en bon premier. Lanterne rouge.

Le titre du livre s'étale devant ses yeux incrédules: « *Amours et turpitudes* »

C'est son roman! Musique angoissante. Il a osé! Ces mots qu'elle connait par coeur défilent avec insolence. Roulement de tambour. Pauline lit la dédicace:

> « *Mademoiselle, j'ai osé vous offrir les A de mon patronyme. C'est bien la seule chose qui vous manquait.* »

Bouche bée, la jeune femme sent la terre s'ouvrir sous ses pieds. Tenant le livre serré contre sa poitrine, elle ramène calmement le chariot à sa place sous l'air médusé de sa collègue, et sort d'un pas tranquille et décidé. Elle rentre chez elle, alors que ce printemps n'a déjà plus la même saveur qu'avant. Poussant la porte de son immeuble, elle se retrouve nez à nez avec Marcello.

– Mademoiselle Zairi, vous rentrez déjà?

– Oui Marcello, j'ai besoin de faire de l'ordre chez moi.

– Mais au fait, vous ne connaissez toujours pas mon fils. dit-il en ramenant du bras un grand jeune homme au regard étrange. Cette fois pas de lanterne ni de musique de film ni de roulement de tambour. Non, cette fois on n'entend plus que le coeur de Pauline rugissant comme un lion quand ce brave concierge lui annonce:

– C'est Alban, mon fils ainé. Il est éditeur.

***

Le chant du coucou

Elle montait, haletante, les mains appuyant sur ses genoux, sans même regarder devant elle. Ses pensées n'existaient plus, perdues sur le chemin terreux qui la souillait. Un seul but, comme une bouée pour la sauver : elle devait atteindre la frontière avant l'aube. Alors que ses forces menaçaient de la trahir à tout moment, elle se concentra sur cette unique destination. Elle devait y arriver ! Pour elle-même, pour ceux qu'elle avait laissés derrière, mais surtout pour lui. L'espoir de le voir lui redonnait du courage. En haut de cette colline, la frontière, et derrière, la liberté qui les attendait. Une terre non pas promise mais arrachée où ils pourraient vivre tous les deux en paix. Le chemin serpentait entre des arbres qu'elle n'avait jamais vu, loin des cèdres de son enfance, disparaissant dans la nuit encore noire. Sa respiration sifflante rompait le silence de la forêt, lui semblant cent fois plus forte qu'elle ne l'était réellement.

Enfin, après avoir surmonté une grosse pierre en un ultime effort, elle se retrouva sur un grand plat. La jeune femme, terrorisée, tourna la tête pour apercevoir le difficile chemin parcouru. Elle n'arrivait pas à croire qu'elle avait pu faire ça toute seule. Une larme jaillit sans qu'elle y prêtât attention, et le froid de la nuit sur sa sueur la fit frissonner. Resserrant son gilet de laine, elle attendit que son souffle s'apaisât, regarda tout autour d'elle, tendit l'oreille, puis se mit à courir de toutes ses forces au milieu des prés jusqu'à la lisière de la forêt qui marquait le début d'un autre pays, d'un autre monde.

Elle courut pendant cinq minutes qui lui semblèrent une éternité, croyant entendre des cris et des aboiements. Les branches des premiers arbres lui fouettèrent les bras et freinèrent sa course désespérée. Elle tomba enfin à genoux dans la terre humide de rosée, les mains tremblantes et le coeur aux tempes. Le jour se lèverait bientôt et il faudrait se remettre en route, mais en attendant, elle avait réussi !

Elle écouta le bruit de la forêt tandis que son souffle rauque se calmait. Rien que le silence autour d'elle en écho de ses peurs. La jeune femme sortit une petite couverture de son sac et, se recroquevillant contre le tronc d'un hêtre, ferma ses yeux qui picotaient jusqu'à la brûlure.

Il faisait déjà bien jour lorsqu'elle se réveilla. La peur l'empoigna avant qu'elle ne se rappelle où elle était. Ça allait, elle se trouvait du bon côté, à l'abri. Elle se tranquillisa et se leva. Secouant son chignon défait, elle étira son dos meurtri, ses jambes ankylosées et ses bras fins. Elle rangea la couverture dans son sac, en sortit une pomme qu'elle croqua avec envie, et reprit sa route. Le soleil jouait des coudes entre les arbres pour atteindre le sol noir. Aucun sentier ne se laissait entrevoir pour guider cette femme dans ce pays inconnu. Elle savait uniquement qu'elle devait toujours se diriger vers le nord. C'était ce qu'ils disaient tous et c'était pour cette raison qu'elle avait emporté une boussole. Une vieille boussole minuscule avec un couvercle en cuivre qui ne fermait plus. Elle l'avait payée une vraie petite fortune au marché, au moins vingt fois ce qu'elle l'aurait payée un an auparavant. Mais bien sûr un an auparavant elle n'aurait jamais eu besoin d'une vieille boussole car elle ne serait jamais partie. Elle marchait, lentement, d'un pas tranquille qui faisait à peine crisser les feuilles. Toujours dans la même direction, tremblant lorsque de drôles d'oiseaux noirs criaient au dessus de sa tête. Elle avança ainsi toute la journée, s'arrêtant à peine pour grignoter un peu et boire de sa gourde, la bouche pâteuse de ne jamais rien dire. C'est incroyable ce que l'esprit humain peut vagabonder si on lui en donne l'occasion. La jeune femme se rendit compte qu'elle n'avait jamais vécu toute une journée sans parler à personne, ou sans avoir à faire quelque chose qui accaparait son attention. En fait, c'était la première fois de sa vie qu'elle passait autant de temps avec elle-même, sans aucune interférence. Et elle se découvrait des capacités jusqu'alors insoupçonnées. Ses pensées, ses sensations, et même ses envies avaient une saveur nouvelle de liberté, un goût impensable d'indépendance qui l'enivrait. Quand bien même; une sourde tristesse ne la quittait pas, gluante de nostalgie.

Soudain, un craquement la fit sursauter. Elle s'immobilisa et observa les alentours, retenant sa

respiration. Son coeur s'arrêta lorsqu'elle aperçut des yeux étranges qui l'observaient dans le sous-bois. Elle voulut partir en courant mais la terreur la paralysait et elle n'avait plus assez de forces pour fuir de nouveau. Le buisson s'agita et un vieillard en sortit sans hâte. Il la dévisagea, surprit, puis secoua lentement la tête en baragouinant une drôle de langue. Il lâcha son petit panier de champignons et leva ses mains au ciel d'un air catastrophé, avant de s'avancer vers la jeune femme. Elle restait là, tétanisée, à la merci de ce vieil inconnu qui pourrait la dénoncer, la renvoyer, ou pire encore...
Pourtant, il s'approcha d'elle gentiment, la voix douce et le regard désolé, et la prit par le bras. La jeune femme enterra ses doutes au contact de cette main chaude et amicale, et se laissa entrainer. Ils marchèrent pendant une vingtaine de minutes, le vieux posant des questions qu'elle

ne comprenait pas. Puis ils arrivèrent enfin vers une clairière où se trouvait une cabane en pierre. L'homme entra et l'installa dans un petit fauteuil près d'un poêle à bois. La chaleur la réconforta immédiatement et elle se sentit comme engourdie. C'était comme si toute la fatigue et la tension de ces derniers jours lui tombaient dessus d'un seul coup. Elle regardait cet homme s'affairer autour d'elle comme un vieux bourdon. Enfin il déposa une assiette brûlante sur un tabouret en bois qu'il approcha d'elle. L'odeur monta jusqu'à ses narines et parut lui déchirer les entrailles tellement elle avait faim. Elle dévora en un instant les quelques champignons, pommes-de-terre et oeufs brouillés que lui avait préparés le vieil homme, pendant qu'il continuait à l'observer d'un air grave. Leurs regards se croisèrent et ils se comprirent, au-delà des mots et des frontières.

Le vieux lui montra un lit dans un coin de la pièce, déposant un énorme édredon dessus, puis il ouvrit une petite porte et désigna un cabinet de toilette. Il parlait d'une voix monotone et douce. Pointant du doigt, il fit signe qu'elle devait rester dormir ici. En tous cas c'est ce que la jeune femme en déduit et elle en fut reconnaissante. Il gesticula encore qu'il devait partir et reviendrait. Elle lui rendit son sourire et il s'en alla.

Se retrouvant seule, et alors que la nuit tomberait bientôt, elle s'installa confortablement dans ce lit douillet, se cacha dans la couverture et s'endormit aussitôt. Cela faisait plus d'un mois qu'elle était partie et qu'elle n'avait pas dormi dans un vrai lit. Ainsi elle se laissa sombrer dans un sommeil doux et réconfortant.

Alors que le jour pointait, elle refusa de se lever, paressant dans ce cocon de confort que lui avait offert le vieillard. Elle avait l'impression que rien ne changerait, rien de mal ne pourrait arriver si elle restait là. Mais elle pensa à lui, se rappelant qu'il arriverait bientôt. Elle devait se tenir prête, ne pas se laisser prendre au dépourvu. Alors la jeune femme sortit du lit. Les bruits de la forêt qui s'éveillait l'accompagnaient dans chaque geste matinal. Elle lava la crasse poussiéreuse de la route, brossa son épaisse chevelure, secoua sa longue jupe et changea son chemisier. Regardant alentours, elle se trouva émue d'être là. Evidemment elle ne pourrait pas rester bien longtemps. Il faudrait qu'elle gagne la ville, trouver du travail, se fondre en anonyme dans la foule qui la protègerait, préparer une nouvelle vie à deux. Mais ce matin-là, elle profitait simplement de cette solitude éphémère, entourée de ces arbres nouveaux qui la toisaient en silence.

Alors qu'elle se penchait pour ramasser son

balluchon, quelque chose en elle se brisa : un minuscule froissement qui la fit se figer. Elle sentit ses cuisses s'humidifier à mesure qu'une douleur intense lui serra les reins en un étau impitoyable. Il arrivait !

Elle se traina jusqu'à la cuvette d'eau fraiche, mouilla un linge qu'elle passa sur son front. Il était trop tôt et elle était trop seule. Qu'importe ! Empoignant son courage, elle s'agrippa au petit fauteuil et s'agenouilla, jambes écartées sous son ventre tendu. La douleur revenait en vagues scélérates, lui laissant à peine reprendre son souffle. Elle avait accompli tellement depuis qu'elle avait fui ! Elle ne se laisserait pas aller maintenant. Non, elle lutterait encore, et comme toujours : pour lui. Des larmes lui chauffaient les joues tandis qu'elle sentait déjà la petite tête de l'enfant qui descendait. Elle n'était plus que souffrance et solitude. Son ventre se contracta encore plus fort et elle poussa, éjectant cette vie fragile qu'elle avait si bien abritée jusque là. Un ultime effort. Des minuscules épaules. Un corps chaud comme un petit pain. Les jambes tremblantes, elle accueillit son petit dans ses mains frêles, ouvrit fébrilement son chemisier et le ramena contre ses seins. Elle se jeta en arrière jusqu'à trouver le mur de pierre contre son dos. Reprenant ses esprits, elle osa enfin regarder l'enfant. Des yeux noirs comme le charbon luisaient au milieu de son visage fripé et l'observaient. Elle le serra contre elle en sanglotant et il cria avec toute la force de sa nouvelle vie. La jeune mère se traîna par terre quelques mètres pour saisir l'édredon qu'elle avait soigneusement plié et s'enroula dedans tandis que l'enfant tétait déjà.

La porte de la cabane était restée entrouverte et dans le rai de lumière qui colorait le sol, un

oiseau se posa. C'était un drôle d'oiseau gras à l'oeil rond. Ses petites pattes cliquèrent sur le parquet et de son bec sortit un chant qu'elle n'avait jamais entendu auparavant :
– Coucou, coucou, coucou ! cria-t-il, tournant la tête pour mieux la voir avant de s'envoler de nouveau.
Derrière lui, une ombre s'esquissa et le vieil homme apparut, accompagné d'une dame qui se précipita vers la jeune femme pour l'aider. Le vieux planta son regard usé dans les yeux neufs de l'enfant et une larme gonflée et brillante coula sur sa peau ridée.

***